AF370986

BALLET
DES PLAISIRS.

Danſé par ſa Majeſté le 4. jour
de Feburier 1655.

DIVISE' EN DEVX PARTIES,

Dont la premiere contient les delices
de la Campagne, & la ſeconde les
diuertiſſements de la Ville.

A PARIS,

Chez ROBERT BALLARD, ſeul Imprimeur du Roy
pour la Muſique.

M. DC. LV.

BALLET

·DES PLAISIRS.

DIVISE´ EN DEVX PARTIES.

Dont la premiere contient les delices
de la Campagne, & la seconde les
diuertissements de la Ville.

PREMIERE PARTIE.

R E C I T.

La Paix entre dans vn Char accompagnée de la Ioye,
de la Seureté, & de la Concorde, auec
lesquelles elle fait le Recit.

Recit de la Paix.

Pres auoir esté si long-temps attenduë
Comme le doux objet de tous les beaux desirs,
Pour le bien des Mortels me voila descenduë,
Et j'ameine tous les Plaisirs.

Pourtant il ne faut pas que je le dißimule,
Ie ne suis de la Paix qu'vn pourtrait imparfait,
Les Armes de LOVIS, & les Conseils de IVLE
La feront paroistre en effet.

P R E M I E R E   E N T R É E.

Six jeunes Bergers arriuent des premiers a vne assemblée
qui se doit faire pour vne Nopce.

❦ LE ROY. ❦

Le Duc de Roquelaure, Le Conte de Sainct Aignan,
Les Sieurs Verpré, le Vacher, & Beauchamp.

Pour le R O Y, representant vn Berger.

Mille autres Bergers charmans
Dont on parle ne font gloire
Que d'embellir les Romans,
Celuy-cy pare l'Histoire.

Et sa conduite & son bras
Font la seureté champestre,
On void redeuenir gras
Le troupeau qu'il menne paistre.

Des Nymphes il peut choisir
La plus belle & la meilleure :
Ce Berger fait à plaisir
Trouuerra par tout son heure.

Afin que nous puissions tous
Mieux danser sur la fougere,
Hé ! bon dieu, quand dirons nous
Le Berger, & la Bergere ?

Le Duc de Roquelaure.   *Berger.*

Tout autant de Brebis que j'en ay menné paistre
M'ont toujours craind si fort, que j'en ay veu beaucoup
S'y méprendre souuent, & ne pas bien cognoistre
Si i'estois le Berger, ou si j'estois le Loup.

Le Comte de S. Aignan.   *Berger.*

Enragez, Galands complets
Que la vanité deuore,
Ma Panetiere est encore
Toute pleine de poulets.

II. En-

II. Entre'e.

Quatre Gentilshommes voisins, conuiez à la Nopce la viennent
honorer de leur presence.

Le grand Maistre de l'Artillerie,   Le Comte du Lude,
Les Marquis de Villequier & de Saucour.

Le grand Maistre de l'Artillerie, *Gentilhôme champestre.*

    M *On équipage est assez bon,*
Et j'ay pour exempter ma Maison & ma Terre
    Du passage des gens de guerre
Bonnes armes a feu, bonne poudre à canon.

Le Comte du Lude,   *Gentilhomme champestre.*

I *E bats tant de pays & la nuict & le jour*
Qu'il n'est point de Mary qui n'en prenne la ficure :
Car j'ay bien autre chose à courre que le Lieure,
Et des poulets ailleurs que dans ma basse-cour.

Le Marquis de Villequier.   *Gentilhomme.*

A *Ma taille, à ma mine, à l'air de mon visage,*
Assez fier pour la guerre, assez doux pour l'amour,
On void bien que je suis le Cocq de mon village,
Et mesme l'on diroit que j'ay hanté la Cour.

Le Marquis de Saucour.   *Gentilhomme.*

M *Es voisins qui font tant les riches & les beaux*
N'ont point plus de noblesse, & plus d'argenterie,
Plus de train, plus d'habits, plus de chiens, plus d'oyseaux,
Ny de meilleurs cheuaux dedans leur escurie.

III. Entre'e.

Cinq Bourgeois dont les Maisons font dans le Hameau
où le Mariage se fait y viennent ensemble.

Les Sieurs Ansse, du Moustier, Lerambert, Geoffroy, & de Lorge.

    C *Es Messieurs sont toujours égaux,*
    Et conseruent le mesme stile,
    Puis qu'on les void aussi loyaux
    A la campagne qu'à la ville.

IV. Entre'e.

Six Officiers d'armée logez dans vn quartier proche de celuy
où se fait l'assemblée vont s'y diuertir.

Messieurs de Gontery, de Mirepoix, & de S. Aignan fils,
les Srs Raynal, S. Fré, & Des-Airs.

Monsieur de Gontery, *Officier d'Armée.*

*Par pure modestie, & par discretion
Ie ne vous diray point quel je suis dans l'Armée;
Mais j'ay donné commission
D'en parler à la Renommée.*

Le Marquis de Mirepoix. *Officier d'Armée.*

*Mes vœux sont à Mars consacrez,
Et rien n'est si beau sur la terre
Comme d'aller par les degrez
Aux derniers honneurs de la guerre.*

Monsieur de S. Aignan fils, *Officier d'Armée.*

*Pour me rendre fameux en plus d'vne bataille
Ie tiendray le chemin que mon Pere a tenu,
Il faut seulement que j'aille
Droict par où je suis venu.*

V. Entre'e.

Le Marié & la Mariée paressent accompagnez de l'Hymen
& de la Felicité.

M. Cabou. Les Sieurs le Conte, Lambert, & Doliuet.

*Ce bizarre Mariage
Tient a de fragiles nœuds,
D'autres durent dauantage
Et n'en sont pas plus heureux.*

VI. ENTRE´E.

Les principaux Parens des Mariez prennent place auec la Compagnie pour voir danser vne Mascarade inuentée par les plus adroits de leurs Bergers, pour honorer le Mariage, & dont le tiltre conuient à cette premiere partie.

Les Marquis de Villeroy, & de Rosny, le petit Rassan, Grenerin, Bonard, du Manoir, Geoffroy, & Rousseau.
Parens de la Mariée.

MONSIEVR Frere vnicque du Roy,
Qui deuoit representer vn Parent de la Mariée.

CEtte feste a touché mon inclination,
Aussi juge-t'on bien par mes petits negoces
Que j'ay quelque intention
De me trouuer à mes Noces.

Mais comme l'on n'a pas toute chose à souhait
Des plaisirs du prochain il faut former les nostres,
Et faire son propre fait
Du Mariage des autres.

Qu'on ne s'épouse pas, mais qu'on s'ayme, il suffit,
Et dans le Mariage il est doux que je pense
D'en auoir tout le profit
Sans en faire la despense.

Le Marquis de Villeroy, *Parent de la Mariée.*

COmme vn petit Parent assez consideré
Je sçay garder mon rang dans la troupe priée,
Mais tout le monde croit que dans peu je seray
Le frere de la Mariée.

Le Marquis de Rosny. *Parent de la Mariée.*

ISsu d'vne Beauté dont l'esclat est si grand,
Que sur elle la Cour s'est toujours récriée,
Et veu mon jeune âge apparent
Que puis-je estre à la Mariée
Autre chose que son Parent?

Mascarade des delices Champeſtres.

R E C I T.

Pan ſuiuy de pluſieurs Satyres ſort d'vn Antre, dans lequel on
entend vn Concert Ruſtique, & porté en Triomphe par
quelques-vns d'entre-eux, pendant qu'vn grand nombre
des autres joüent de diuers Inſtruments, fait le Recit.

Recit de Pan.

Chanté par le Sieur Munier S. Elme.

QVe ces bois, ces prez, & ces plaines,
Que ces ruiſſeaux, & ces fontaines
Sont des objets doux & plaiſans;
Mais leur felicité parfaite
Qui penſez-vous qui l'ait faite ?
C'eſt vn Berger de ſeize ans.

Tout va bien deſſous ſa conduite,
Son jeune bras a mis en fuite
Les Loups qui deſoloient nos champs :
Déja dans l'amoureux Empire
De tous coſteʒ on ſouſpire
Pour ce Berger de ſeize ans.

VII. ENTRE´E.

Pan s'eſtant retiré, ſix des Satyres de ſa ſuite danſent
la premiere Entrée de la Maſcarade auec beaucoup
de diſpoſition.

Meſſieurs Bontemps, Proüaire, & Barbau, les ſieurs Baptiſte,
Feros, & Des-Airs le jeune.

DAns nos bois les bonnes fortunes
N'eſtant pas autrement communes,
Quelques-vnes ont eſchappé;
Mais nous en auons attrapé
Quelques-vnes.

VIII. En-

VIII. Entre'e.

Cephale fuiuy de quatre Chaſſeurs, qui ont autres-fois
choiſi le ſejour des Champs, pour joüir
du plaiſir de la Chaſſe.

Le Comte de S. Aignan, les ſieurs Molier, de Lorge,
Beauchamp, & Raynal.

Le Comte de S. Aignan, *repreſentant Cephale.*

I'Ayme, & ſi je n'aymois que diroit-on de moy ?
Pourrois-je refuſer & mon cœur & ma foy
A la Deeſſe que j'adore ?
J'ay toujours aymé, i'ayme encore,
Si je manquois à ce deuoir,
Quelle honte ! il feroit beau voir
Vn Cephale ſans vne Aurore.

IX. Entre'e.

Galathée, Leonide, & Siluie, Nymphes de l'Aſtrée, qui ont
fort aymé la Compagnie & la Conuerſation des
Bergers & des Bergeres de Lignon.

Meſſieurs de la Cheſnaye, & de Ioyeux.

NOus n'aymons point du tout les hommes,
Et le ſouhait que nous formons
Eſt que celles que nous aymons
Soient chaſtes comme nous le ſommes.

X. Entre'e.

Polemas & deux Cheualiers de ſes amis, rauiſſeurs des trois
Nymphes, attaquez & vaincus par Lindamor
& deux autres leurs defenſeurs.

Meſſieurs de Mirepoix, de Gontery, de Broille,
Fercour, S. Fré, & le ſieur Des-Airs.

PAr vn ſecours ſuborneur
Ces Braues ont tiré ces Dames de la crainte,
Et leur ont ſauué l'honneur
Pour y donner vne atteinte.

XI. ENTRÉE.

Clidaman & trois jeunes Cheualiers de la Cour d'Amasis
viennent esprouuer la Fontaine de la Verité d'Amour.

Le Comte de Guiche, le petit Rassan, de Lorge, le Comte.

*Le Comte de Guiche, Cheualier
de la Cour d'Amasis.*

*CErtains yeux dont les regards
Jettent des feux & des dards
Contre qui la force est vaine,
Font que j'esprouue à mon tour
Sans aller à la Fontaine
La verité de l'Amour.*

XII. ENTRÉE.

Dix Egyptiens priez par les Bergers d'entrer dans leur Mascarade
& d'en faire la derniere Entrée, dansent vne grande Bou-
fonnerie, & auec des Tambours de Basque & des Casta-
gnettes concluënt cette premiere Partie.

LE ROY.

Les Ducs Danuille, & de Roquelaure, le Comte de S. Aignan,
les Marquis de Genlis, & de Mirepoix, M. Bontemps,
les Sieurs Verpré, Beauchamp, & Baptiste, *Egyptiens.*

Pour LE ROY, representant vn Egyptien.

RONDEAV.

*IL le sera le Maistre, & confondu
Se trouuerra le dessein pretendu
De son Riual enuieux de nature,
Et nous verrons en mauuaise posture
Ce Concurrent qui fait tant l'entendu.*

*De celuy-cy l'esclat s'est respandu,
Et s'il obtient ce qu'à luy seul est dû,
Tout ce que peut estre vne creature
Il le sera.*

Qu'il vous promette vn bon-heur aßidu,
Vous deuiendrez riche comme vn perdu,
Car il s'entend à la bonne auanture ;
Mais qu'à quelqu'vn par vn funeste augure
Il dise außi qu'il doit estre pendu,
 Il le fera.

Le Duc Danuille, *Egyptien.*

IL me faudroit bien du temps
A rendre les bagatelles
Que depuis dix huict ans
I'ay prises aux Demoiselles.

Le Duc de Roquelaure, *Egyptien.*

IAmais quelqu'vn à quelqu'vne
N'a parlé plus librement,
Ny dit la bonne fortune
Plus inconsiderément.

 Sur l'auenir je trauaille,
Et fais en homme sensé,
Ce n'est rien dire qui vaille
Que de parler du passé.

Le Comte de S. Aignan, *Egyptien.*

PArmy d'illustres vagabonds
A qui tous les chemins sont bons
I'ay vers les grands dangers esté de plaine course ;
Mais vn peu sur le tard ie recognois enfin
Que de nostre Mestier tout l'vtile & le fin
 Est de sçauoir couper la bourse.

Le Marquis de Genlis, *Egyptien.*

I'Ay bonne mine,
L'oreille fine,
Le pied subtil,
Vn beau corsage,
Pour le visage
Qu'importe-t'il ?

Le Marquis de Mirepoix, *Egyptien.*

Cette bonne fortune où tant de monde aspire,
Où l'on presume aussi qu'il est si doux d'entrer,
Ie suis d'âge à la rencontrer,
Et d'humeur à ne la pas dire.

Fin de la Premiere Partie,
& de la Mascarade.

SECONDE PARTIE
du Ballet des Plaifirs.

RECIT.

Venus entre dans vn Char fuiuie des trois Graces,
& fait le Recit.

Recit de Venus.

Eunes cœurs, croyeʒ-moy, laiſſez-vous enflamer,
Toſt ou tard il faut aymer,
Et c'eſt en vain qu'on façonne :
Tout cede à mon pouuoir, tout fléchit fous mes loix,
Je n'en excepte perfonne,
Pas mefme les Rois.

A quoy voulez-vous donc employer vos beaux iours,
Le Printemps pour les amours
Eſt plus propre que l'Automne.
Tout cede à mon pouuoir, tout flefchit fous mes Loix,
Ie n'en excepte perfonne
Pas mefme les Rois.

PREMIERE ENTRE'E.

Six Defbauchez fortans du Cabaret tefmoignent par leurs
actions que la joye les poffede entierement

LE ROY.

Les Sieurs Baptifte, Beauchamp, Molier, Langlois,
& le Vacher.

Av Roy, representant vn Desbauché.

Sire, quel spectacle pour nous ?
Et d'où peut proceder en vous
Ce changement qu'on y remarque ?
Sur quelle herbe auez vous marché,
Quoy, faut-il qu'vn si grand Monarque
Deuienne vn si grand Desbauché ?

C'est l'ordre que vos ieunes ans
S'attachent aux suiets plaisans,
Et qu'ils ne demandent qu'à rire ;
Mais ne soyez point emporté,
Esuitez la Desbauche, SIRE,
Passe pour la fragilité.

Il n'est ny Censeur ny Regent
Qui ne soit assez indulgent
Aux vœux d'vne ieunesse extresme,
Et pour embellir vostre Cour,
Qui ne trouue excusable mesme
Que vous ayez vn peu d'amour.

Mais d'en vser comme cela,
Et de courre par cy par là
Sans vous arrester à quelqu'vne,
Que tout vous soit bon, tout égal
La blonde autant comme la brune,
Ha! SIRE, c'est vn fort grand mal.

II. Entre'e.

Quatre Comediens François, affichent & joüent vne Piece
courte & Comique.

Comedie.

III. ENTRÉE.

Trois Comediens Italiens reprefentent à leur tour vne Piece
courte & ridicule.

Les veritables Triuelin, Scaramouche, & Pantalon.

LA plus noire melancholie
Deuant nous s'efface bien-toft,
Il n'appartient qu'à l'Italie
De faire rire comme il faut.

Noftre caprice eft fi folaftre
Que pour nous en diuertir mieux,
Il fait Comedie & Theatre,
De toutes gens & de tous lieux.

IV. ENTRÉE.

Vn Maiftre à Danfer enfeigne à quatre de fes Efcoliers,
comme il faut danfer vne Entrée de Ballet,
& le fait auec eux.

Le Comte de S. Aignan fils, les Sieurs Monglas,
Grenerin, S. Fré, & Des-Airs.

A Tres bien des pas fuperflus,
Nous voila tous pareils autant qu'on le peut eftre,
Et tellement égaux qu'il ne fe parle plus
Ny d'Efcoliers ny de Maiftre.

V. ENTRÉE.

Le genie du Ieu, fuiuy de trois Ioüeurs déterminez.

Le Marquis de Genlis, *Genie du Ieu.*
Mefsieurs de Mirepoix, de Gontery, & de Poyanne, *Ioüeurs.*

Pour le Marquis de Genlis, *reprefentant le Jeu.*

CE ieu là n'eft pas des plus beaux
Encor qu'il foit aymé de quelque Demoifelle,
Et qui le verroit aux flambeaux
Auoüroit que le Ieu ne vaut pas la Chandelle.

VI. ENTRE'E.

Vn Amoureux vient donner vne Serenade à ſa Maiſtreſſe,
& enuoye ſes ſuiuans armez recognoiſtre les lieux
pour la ſeureté de la Serenade.

M. Heſſelin, *Amant.*   Lerambert, *Maiſtreſſe.*   Beaubrun, *Nourrice.*
Bonnard, Armenien, *Pages.*   M. Cabou.   Les Sieurs Mollier,
Beauchamp, de Lorge, Doliuet, & Raynal, *Suiuants.*

M. Heſſelin, *Amoureux.*

Serenade.

PEut-eſtre dormez-vous, adorable inhumaine,
Cependant que je meurs en vous chantant la peine
Que j'endure pour vos appas,
Et dans le meſme temps que pour vous je ſoupire,
Auec vn autre Amant qui vous dit ſon martyre,
Peut-eſtre ne dormez-vous pas.

Peut-eſtre dormez vous pour n'oüyr pas la plainte
Que mon cœur amoureux auec beaucoup de crainte
Fait contre vos diuins appas,
Ou ſi vous ne pouuez vous tenir de l'entendre,
Afin de vous mocquer d'vn ſentiment ſi tendre,
Peut-eſtre ne dormez-vous pas.

RECIT OV CHANSON
du Galand à ſa Maiſtreſſe, s'addreſſant
aux Aſtres de la Nuict.

VEnez, ſacrez flambeaux, briller à voſtre tour
Au milieu de la Nuict, faites vn nouueau iour
Où ie puiſſe voir Berenice:
Lors que vous paroiſtrez pour eſclairer ces lieux,
Si vous me rendez vn office
Vous vous en payerez en voyant ſes beaux yeux.

Vous de qui l'œil diuin void iuſqu'au fonds du cœur,
Aſtres qui connoiſſez que ma fidelle ardeur
N'eſt pas dans le commun des autres
Faites voir à l'objet qui meſpriſe mes feux
Qu'ils ſont auſſi purs que les voſtres,
Et qu'ils doiuent durer auſſi long-temps comme eux.

La Maiſtreſſe.

La Maiftreffe.

VEnez, obiet de mes amours,
Venez, delice de mes iours,
Rendre le calme à mon efprit malade :
Puifque vous vous plaifez à viure foubs mes loix,
Ainfi que i'ay prefté le cœur à voftre voix,
Ie vays prefter l'oreille à voftre Serenade.

La Nourrice.

QVe vous deuez, Daphnis, auoir l'efprit content,
Venez, Madame vous attend,
Elle ne fut iamais fi belle,
Venez en defpit des ialoux,
Voftre concert luy fera doux,
Je feray fur la porte à faire fentinelle,
On ayme, heureux Amant, tout ce qui vient de vous.

VII. Entre'e.

Six Filoux qui n'ont point d'occupation plus agreable que celle
de tirer des manteaux, viennent au bruit de la Serenade, &
la diffipent ; puis voyant arriuer l'heure du Bal, vont fe mettre
en embufcafde pour voler quelqu'vn.

Le Marquis D'aluy. Meffieurs de la Chefnaye, de Ioyeux,
& Fercour, & le Sieur Degan.

Le Marquis D'aluy, reprefentant vn Filou.

ME voyant marcher fans flambeau,
Plus d'vn Mary deuient ma duppe,
Et croit que j'en veux au manteau
Quand je ne fonge qu'à la juppe.

VIII. Entre'e.

Vn Vieillard auec sa famille, à laquelle il donne apres souper
le diuertissement des Oublieux, Et fait venir pour cela
tous ceux que l'on peut rencontrer.

Les Sieurs Baptiste, du Moustier, Lambert, Rousseau,
Des Airs, Geoffroy, du Manoir, & Ansse.

COmme l'Amour appartient
A la boüillante jeunesse,
La bonne chere conuient
A l'impuissante vieillesse.

IX. Entre'e.

Six Oublieux jouënt contre la Famille Ridicule, & font
tout ce qu'ils peuuent pour la diuertir.

Le Duc Danuille, le Comte de S. Aignan,
Messieurs Bontemps, Poyane, Barbeau, & Langlois.

Le Duc Danuille, *representant vn Oublieux.*

EN beaucoup d'honnestes lieux
Quantité de Beautez dignes d'estre adorées
Ont fait venir l'Oublieux,
Pour passer auec luy d'agreables soirées,
Qu'on ne sçauroit passer mieux.

Le Comte de S. Aignan, *representant vn Oublieux.*

I'Ay perdu, j'ay gagné; i'ay fait assez de bruict,
Et toujours preferé l'honnorable à l'vtile;
Mais i'ay bien plus marché la nuict
A la Campagne qu'à la Ville.

X. ENTRÉE.

Vn Baigneux auec deux de ces Garçons va trouuer des Courtifans
qui veulent eftre ajuftez pour aller au Bal.

Le Sieur Brigny, *Baigneux.* Le Marquis de Villeroy,
& le petit Raffan, *Garçons.*

Le Marquis de Villeroy, & Raffan, *reprefentant
des Garçons Baigneux.*

NOus ne cognoiffons point l'*Amour ny fes trophées,*
Et fommes feulement jolis aux yeux de tous,
Mais quand nous ferons grands toutes les mieux coiffées
Pourroient bien fe coiffer de nous.

XI. ENTRÉE.

Le Genie de la Danfe voyant arriuer l'heurede l'affemblée,
vient pour y prefider.

LE ROY. Genie de la Danfe.

Pour LE ROY. *reprefentant le Genie de la Danfe,*
& faifant vne Entrée feul.

PLace à ce *Demy-dieu qui triomphe aujourd'huy,*
Ses charmes déployez vont eftre en euidence,
Qu'on ne s'y trompe pas, il eft bon que celuy
Qui ne fe fent pas jufte ait vn peu de prudence,
Et malheur à qui ne danfe
De cadance auecque luy.

Sur les pas de fon Pere, & de fon grand Ayeul
Il marche pour foy-mefme ayant peu d'indulgence,
Et fa bonne conduite à bien danfer tout feul
Marque le noble foin qu'en a pris la Regence,
Et l'eftroite intelligence
Du Parrain, & du Filleul.

Au chemin de la Gloire on la veu s'auancer
Par ce fage confeil, & fur ce beau modelle,
Encore maintenant le voit-on terraffer
Tout ce que fa valeur a d'oppofé contre elle,
Et la Reuolte infidelle
Ne fçait fur quel pied danfer.

XII. ENTRE'E.

Quatre Suiſſes viennent garder la porte de la Maiſon
où doit eſtre l'Aſſemblée.

M. Cabou. Les Sieurs Lambert, Doliuet, & le Conte.

LE Vin pris dans l'excés a leur timbre gaſté;
Mais que cette liqueur par trop multipliée
Dans cette Nation ſubtile & deliée
Eſtouffe de bons mots & de viuacité.

XIII. ET DERNIERE ENTRE'E.

Courtiſans parez pour le Bal.

MONSIEVR Frere vnicque du Roy.
Monſieur le Duc d'Yorck, le Grand Maiſtre de l'Artillerie,
les Comtes du Lude, de Viuonne, & de Nogent,
les Marquis de Villequier, de Saucour, Daluy,
& le Cheualier de Rohan,

MONSIEVR Frere vnicque du Roy, *repreſentant*
vn Courtiſan.

BEau, jeune, de bonne Maiſon,
Si ie pretens gagner les cœurs les plus rebelles,
Eſt-il à la Cour quelques Belles
Qui ne ſentent que j'ay raiſon?

Il eſt vray le ſexe me plaiſt,
Et ie ne rougis point de bruſler de ces flames,
Quand j'aymerois toutes les femmes
Ie ſçay bien que la Gloire l'eſt.

Ie ſuis ſouple, adroit, circonſpect,
Auſſi quoy qu'vn flatteur à nos oreilles proſne,
Tant plus on eſt proche du Throſne,
Tant plus on luy doit de reſpect.

Monſieur

Monſieur le Duc d'Yorck, *Courtiſan.*

SI la vertu pouuoit elle m'auroit donné
Tout ce que la fortune m'oſte :
Car iamais Courtiſan ne fut plus ruiné,
Et ne le fut moins par ſa faute.

Le Grand-Maiſtre de l'Artillerie, *Courtiſan.*

EN toutes mes actions
La deuotion eſt peinte,
Iuſques dans mes paßions
On voit briller la Cour Saincte :
Ie ſuis l'exemple des Grands,
Et deuant eux j'entreprens
Vne choſe peu commune
Accordant le double but,
De ſonger à ſa fortune
Et vaquer à ſon ſalut.

Le Comte du Lude, *Courtiſan.*

POur en aymer pluſieurs ou le vouloir prouuer
Nul mieux que moy ne s'en acquite,
Et ie ſuis conſolé de celle que ie quite
Par celle que ie vais trouuer.

Le Comte de Viuonne, *Courtiſan.*

BIen que ie ſois né pour la Cour,
La guerre m'eſt vn doux ſeiour,
Et pour me ſouhaitter vne campagne heureuſe,
Ie pretends par mes douceurs
Acquerir quelque pleureuſe
Outre ma Mere & mes Sœurs.

Le Marquis de Villequier, *Courtiſan.*

BEauté, qui de mon mal eſtes la ſeule cauſe,
Reſpondez-moy tout bas, ſi vous n'oſez tout haut,
Ne ſuis-ie pas fait comme il faut
Pour aſpirer à quelque choſe ?

F

Le Cheualier de Rohan, *Courtisan*.

MA personne, mon visage,
Mon nom, ma mine, & mon âge,
Ont vn esclat apparent,
Auec ces qualitez nuës
Le malheur sera bien grand
Si ie couche dans les ruës.

Le Marquis de Saucour, *Courtisan*.

SI de la bonne mine auec de la ieunesse
Accommode vne Maistresse,
Si la despense & le cœur
Amolissent sa rigueur,
Bref, si d'autres talents plaisent aux plus parfaites,
Mes affaires s'en vont faites,
Et ie n'ay point de Riual
Qui ne soit mal à cheual.

Le Comte de Nogent, *Courtisan*.

IE n'ay qu'à suiure mon Pere,
Qu'à bastir sur mesme Plan,
Et si ie ne degenere
Ie seray bon Courtisan.

Le Marquis Daluy, *Courtisan*.

IE suis intrigué nuict & iour,
Et comme vn Courtisan habile,
I'ay mes affaires de la Cour,
Et mes affaires de la Ville.

Vn veritable Bal succede à toutes les Entrées, & finit le diuertissement de cette Partie, par vn des plus grands plaisirs que
l'on puisse auoir.

Fin du Ballet.

www.ingramcontent.com/pod-product-compliance
Lightning Source LLC
LaVergne TN
LVHW020641180726
843502LV00006B/2174